# GUÍA PARA COMPRAR SU PRIMER APARTAMENTO EN COLOMBIA

CON ÉNFASIS PARA QUIENES VIVEN EN EL
EXTRANJERO

# TABLA DE CONTENIDO

# INTRODUCCION

¿Como comprar apartamento o casa en Colombia desde el exterior? ¡Y hacerlo bien!

¿Es una buena inversión comprar apartamento en Colombia, que rentabilidad me deja? Sobre todo, si lo compro sobre planos. ¿Qué preguntas me debo hacer a la hora de comprar un apartamento? ¿Por ejemplo, de donde va a venir el agua que va a suplir este nuevo complejo de apartamentos que van a construir? ¿Una vez construidos, se asignará un parqueo a cada apartamento, que tanta cantidad de carros pasaran alrededor, se formaran trancones, hay vías de acceso suficiente para la cantidad de carros que pasen, darán garantía por la piscina que entreguen o nos tocara a los residentes volverla a hacer si se daña? ¿Qué garantía me darán del apartamento, de que tipo y por cuanto tiempo una vez lo entreguen?

Muchas de estas preguntas se obvian porque nos dejamos llevar por lo bonita de la foto y por las ilusiones que tenemos de tener una vivienda nueva propia, pero son las que muchas veces determinan que tanto se valoriza una propiedad y las que hay que enfrentar una vez se ha adquirido la propiedad.

En este libro hablaremos de la evaluación del proyecto, de los pasos para adquirir vivienda y del aspecto financiero. Nos centraremos en la compra de apartamentos o casas nuevas en conjuntos residenciales, ya que son las de mayor riesgo y las más ofertadas sobre todo al público en el exterior.

## HOJA DE TRABAJO 1

| ¿Cuáles son sus criterios a la hora de comprar un apartamento o una casa nueva? | Evalué del 1 a 5, donde 1 no es importante y 5 es muy importante, cada criterio para usted |
|---|---|
| ¿Qué tan importante es la cercanía a buenas escuelas y colegios a la hora de escoger vivienda? | |
| ¿Qué tan importante es la facilidad de acceder a transporte público? | |
| ¿Evalué la importancia de la cercanía a buenos hospitales o centros de salud? | |
| ¿Evalué la importancia de vivir cerca de parques, zonas verdes y espacios de recreación y deportivos? | |
| Evalué la importancia de que su vivienda este en una zona con vías bien trazadas, diseñadas y en buen estado | |
| ¿Que tanto le importa el tráfico vehicular que hay o habrá alrededor de su vecindario cuando usted se mude a su vivienda? | |
| ¿Que tanto le importa los andenes o zonas peatonales alrededor de su vivienda o en su vecindario? | |

# ¿QUIEN CONSTRUYE?

¿Quién va a construir o con quién va a firmar el contrato? En términos generales, usted va a firmar un contrato con una constructora o con una promotora y gestora de proyectos inmobiliarios. Hay empresas constructoras que se encargan de construir, promocionar y vender unidades residenciales, desde la adquisición del terreno hasta la entrega de llaves al comprador, incluyendo la promoción y venta de viviendas.

Una de las ventajas de comprarle a una constructora que también promueve y vende sus propias viviendas es que usted puede tener una visión más completa del proyecto y un mayor control sobre todo el proceso. Además, al estar involucrada en todas las etapas, la constructora puede asegurarse de que los plazos se cumplan, los costos se mantengan dentro de los presupuestos previstos y la calidad de las viviendas sea óptima.

Hay otros casos en que las actividades de promoción, construcción y venta de viviendas son realizadas por empresas distintas. Por lo tanto, es importante verificar quiénes son los responsables de cada actividad y tener claro el proceso de construcción, promoción y venta antes de realizar una compra.

Las empresas promotoras y gestoras de proyectos inmobiliarios tienen como objetivo desarrollar y gestionar proyectos inmobiliarios, lo que incluye la identificación de terrenos aptos para la construcción, el diseño y planificación de los proyectos, la obtención de permisos y licencia, la gestión de la financiación y la comercialización y venta de estos.

Una vez que se ha constituido la sociedad del proyecto, la empresa promotora y gestora de proyectos inmobiliarios es la encargada de comercializar y vender las unidades de vivienda a los compradores interesados. En este proceso, la empresa promotora y gestora de proyectos inmobiliarios realiza los contratos de compraventa entre el comprador y la sociedad que constituye el proyecto, estableciendo los términos y condiciones de la adquisición de la unidad de vivienda.

En algunos casos, la empresa promotora y gestora de proyectos inmobiliarios contrata con una empresa constructora la construcción de las soluciones habitacionales. En otros casos, también puede actuar como constructora del proyecto y llevar a cabo este proceso.

Así que la recomendación aquí es que haga su tarea y vaya a la página de la cámara de comercio de la ciudad donde está la constructora y averigüe la matricula mercantil y que tipo de empresa es, una sociedad simplificada (SAS) o una sociedad por acciones (SA) o una sociedad de responsabilidad limitada (LTDA) y como segundo paso que vaya a la página de la DIAN y encuentre el NIT de esta empresa.

La matrícula mercantil en Colombia es un registro público obligatorio en el cual todas las personas naturales y jurídicas que realicen actividades comerciales deben inscribirse. Es administrado por las Cámaras de Comercio, entidades encargadas de supervisar el registro y regulación de las empresas en Colombia.

El registro de matrícula mercantil contiene información fundamental sobre las empresas y comerciantes individuales en Colombia. Algunos de los datos incluidos en la matrícula mercantil son:

1. **Nombre del Comerciante o Razón Social de la Empresa:** El nombre legal bajo el cual opera la empresa o comerciante individual.

2. **NIT (Número de Identificación Tributaria):** Número único de identificación fiscal asignado a la empresa o comerciante.

3. **Tipo de Empresa:** Indicación de si la empresa es una persona natural (empresa unipersonal), una sociedad anónima (S.A.), una sociedad por acciones simplificada (SAS), una sociedad de responsabilidad limitada (Ltda.), entre otros.

4. **Actividades Comerciales:** Descripción de las actividades económicas que realiza la empresa o comerciante.

5. **Dirección:** Dirección física del establecimiento de la empresa.

6. **Información de los Representantes Legales:** Nombre y documento de identidad de las personas autorizadas para actuar en nombre de la empresa.

7. **Fecha de Constitución:** Fecha en la que la empresa fue legalmente constituida.

8. **Información Financiera (en algunos casos):** Algunos informes financieros básicos pueden estar incluidos, como el capital social.

La matrícula mercantil es esencial para la legalidad y transparencia de las actividades comerciales en Colombia. La inscripción y actualización regular en el registro mercantil son requisitos legales y facilitan la realización de transacciones comerciales y financieras, así como la participación en licitaciones y concursos públicos. Además, la matrícula mercantil proporciona información valiosa para el público, incluyendo posibles clientes y socios comerciales.

## PERMISOS Y LICENCIAS

Los requisitos y regulaciones pueden variar según el municipio o la ciudad en Colombia. Cuando piense invertir en un proyecto, diríjase a la página web de la curaduría local y busque que el proyecto tenga licencia de construcción. Si no encuentra esta información en la curaduría, también puede buscar información en la alcaldía del municipio.

En la alcaldía también puede consultar el plan de ordenamiento territorial (POT) para verificar que esa zona donde se construirá el proyecto es urbanizable. Si el proyecto se desarrollara en una zona rural aledaña a el municipio, diríjase a la entidad ambiental correspondiente del municipio o departamento y averigüe si el proyecto a desarrollarse tiene licencia ambiental.

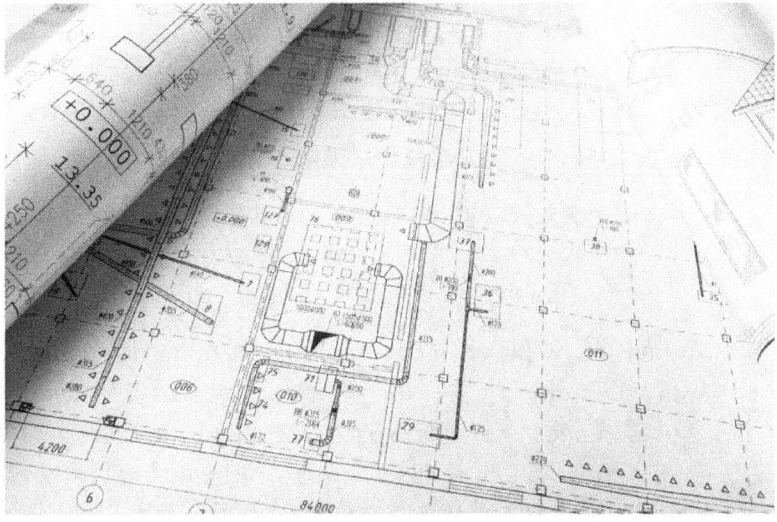

También es importante que vaya a las entidades proveedoras de servicios públicos locales o regionales y averigüe que este proyecto a realizarse cuente con permisos de servicios públicos.

En Colombia, la Curaduría Urbana es una entidad encargada de ejercer funciones de control y supervisión sobre ciertos aspectos relacionados con la construcción, remodelación y uso del suelo en zonas urbanas. Las Curadurías Urbanas son organismos autorizados por las autoridades municipales para llevar a cabo estas funciones.

Las responsabilidades y funciones específicas de una Curaduría Urbana en Colombia incluyen:

1. **Emisión de licencias de construcción:** Las Curadurías Urbanas son responsables de revisar y aprobar los proyectos de construcción, así como de otorgar las licencias de construcción necesarias para llevar a cabo proyectos inmobiliarios.

2. **Supervisión del cumplimiento de normativas:** Las Curadurías se aseguran de que los proyectos de construcción cumplan con todas las normativas locales y nacionales, incluyendo normas de construcción, zonificación, uso del suelo, entre otras.

3. **Control de legalidad:** Verifican que los documentos presentados para la obtención de licencias estén en orden y cumplen con la normativa vigente.

4. **Revisión de planos y documentos:** Examinan los planos arquitectónicos y demás documentos técnicos presentados por los solicitantes para asegurar su conformidad con las normas urbanísticas y de construcción.

5. **Inspecciones durante la construcción:** Las Curadurías pueden llevar a cabo inspecciones periódicas durante el proceso de construcción para garantizar que se esté

llevando a cabo de acuerdo con las licencias y regulaciones aprobadas.

6. **Emisión de conceptos técnicos:** En algunos casos, las Curadurías pueden ser consultadas para emitir conceptos técnicos sobre aspectos específicos relacionados con la construcción y el uso del suelo.

Es importante tener en cuenta que las Curadurías Urbanas operan a nivel local y las regulaciones pueden variar según el municipio o la ciudad. Por lo tanto, es fundamental consultar la Curaduría correspondiente a la ubicación del proyecto para obtener información específica y actualizada sobre los procedimientos y requisitos aplicables en esa área particular.

Para construir un conjunto residencial en Colombia, es necesario obtener una serie de licencias y permisos para asegurar que el proyecto cumpla con todas las normativas legales y urbanísticas. A continuación, se detallan las licencias y permisos comunes que generalmente se requieren para construir un conjunto residencial en el país:

1. **Licencia de construcción:** Es el permiso básico y fundamental que se necesita para llevar a cabo cualquier proyecto de construcción. La licencia de construcción se obtiene de la Curaduría Urbana correspondiente al municipio o la ciudad donde se llevará a cabo el proyecto. Esta licencia demuestra que el proyecto cumple con las normativas locales y nacionales de construcción.

2. **Estudio de Impacto Ambiental (EIA):** Dependiendo del tamaño y ubicación del proyecto, puede ser necesario realizar un EIA para evaluar el impacto ambiental que tendrá la construcción del conjunto residencial en el

entorno. Este estudio se presenta ante la autoridad ambiental correspondiente para su aprobación. Este estudio evalúa los posibles impactos del proyecto en el medio ambiente y propone medidas de mitigación para reducir o evitar esos impactos. Es importante destacar que la regulación ambiental puede variar según el municipio y el tipo de proyecto. De acuerdo con la legislación colombiana, los proyectos de construcción que tengan el potencial de generar impactos significativos en el medio ambiente, como la pérdida de vegetación, la alteración de cuerpos de agua, la contaminación del aire o del agua, entre otros, pueden requerir una licencia ambiental.

3. **Permiso de urbanización:** Si el proyecto implica la urbanización de terrenos, se necesita obtener un permiso de urbanización. Este permiso se obtiene de la autoridad municipal y garantiza que la urbanización se realizará de acuerdo con las normativas urbanísticas.

4. **Aprobación del plan parcial o plan de ordenamiento territorial:** Si el terreno donde se construirá el conjunto residencial está incluido en un plan parcial o en el plan de ordenamiento territorial del municipio, es necesario obtener la aprobación correspondiente de las autoridades municipales.

5. **Permiso de ocupación del espacio público:** Si el proyecto implica la ocupación de espacios públicos, como aceras o calles, se necesita obtener un permiso de ocupación del espacio público. Esto se obtiene de la autoridad municipal y generalmente implica el pago de tarifas.

6. **Permisos de servicios públicos:** Es necesario obtener los permisos correspondientes para la conexión de servicios públicos como agua, electricidad, gas y alcantarillado. Estos permisos se obtienen de las empresas prestadoras de servicios públicos y pueden variar según la ubicación del proyecto.

7. **Licencia de bomberos:** Se requiere una licencia de bomberos que demuestre que el proyecto cumple con las normativas de seguridad contra incendios. Esta licencia se obtiene del cuerpo de bomberos local y generalmente implica inspecciones del lugar de construcción.

8. **Certificado de tradición y libertad:** Del terreno donde se llevará a cabo el proyecto. Garantiza que no haya problemas legales o restricciones sobre la propiedad.

# ¿COMO SE ADMINISTRARÁ EL DINERO?

Usted quiere saber en donde se depositará su dinero cuando compra sobre planos. Su interés está en que este dinero vaya a una fiducia, que, en términos generales, es un contrato legal por el cual una persona o entidad (llamada fiduciante) transfiere la propiedad de ciertos bienes, derechos o recursos a otra persona o entidad (llamada fiduciario) con el propósito de cumplir con una finalidad específica en beneficio de un tercero, llamado beneficiario. En otras palabras, la fiducia es un mecanismo legal para administrar y gestionar bienes o recursos en nombre de otra persona o entidad de acuerdo con las condiciones establecidas en el contrato de fiducia. En algunos países al termino fiducia se le conoce como fideicomiso.

La fiducia de preventas blinda en caso de no llegar al punto de equilibrio. Las fiducias son un tercero idóneo que está cuidando los recursos, lo cual da transparencia al proceso de compra de vivienda y tranquilidad a cada una de las partes relacionadas. En la fiducia de preventas, el constructor encarga a la sociedad fiduciaria la administración y recaudo de los dineros provenientes de la promoción del proyecto inmobiliario que entreguen quienes estén interesados mientras se cumplen las condiciones necesarias para ser destinados a su desarrollo. Así, los recursos solo serán girados al constructor si se aceptan por parte de éste el cumplimiento de las condiciones del lote, permisos, ventas mínimas y financiación.

En la fase de construcción, si bien la fiducia no es una figura obligatoria, si ayuda para que los financiadores y los compradores no tengan incertidumbre en cuanto al destino de los recursos de las cuotas iniciales y del crédito constructor. La fiducia inmobiliaria maneja la modalidad de tesorería, que consiste en que las fiduciarias cumplen la tarea de administrar e invertir los recursos que serán destinados a la ejecución de los proyectos.

Otra modalidad es la de administración y pagos, que consiste en que mediante la celebración de un contrato de fiducia mercantil se constituye un patrimonio autónomo al cual ingresa el inmueble a partir del cual se levantará el proyecto inmobiliario. Esto se realiza con el objeto de que la sociedad fiduciaria efectúe los pagos asociados a su desarrollo de acuerdo con las instrucciones señaladas en el acto constitutivo y transfiera las unidades construidas a quienes resulten beneficiarios del respectivo contrato.

Para verificar que una fiduciaria existe y es válida, consulte la entidad encargada de regular y supervisar las fiduciarias en su país; use su herramienta de consulta y búsquela, verificando que esté registrada y autorizada por esa entidad. Igualmente, consulte la información relevante como su nombre legal, número de identificación, dirección, teléfono de contacto, entre otros. En el caso de Colombia, esta entidad es la Superintendencia Financiera de Colombia. También puede consultar organismos oficiales como la Cámara de Comercio y otras fuentes confiables para obtener más información acerca de la fiduciaria.

Para averiguar si una fiducia existe en Colombia, puedes seguir estos pasos:

1. **Consulta en la Superintendencia Financiera de Colombia:** La Superintendencia Financiera de Colombia es la entidad reguladora que supervisa las fiducias en el país. Puedes visitar su sitio web oficial (https://www.superfinanciera.gov.co) para buscar información relacionada con fiducias y fondos fiduciarios registrados. La Superintendencia Financiera ofrece herramientas en línea que te permiten realizar búsquedas y verificar la existencia de una fiducia específica.

2. **Consulta en la página web de la entidad fiduciaria:** Si conoces el nombre de la entidad fiduciaria que administra la fiducia en cuestión, visita su sitio web oficial. Muchas fiduciarias proporcionan información sobre los fondos fiduciarios que administran, incluyendo sus nombres y propósitos. Algunas fiduciarias también ofrecen servicios en línea que permiten verificar la existencia de fiducias.

3. **Consulta en la Cámara de Comercio:** La Cámara de Comercio de la ciudad donde está registrada la fiducia puede tener información sobre la existencia y la constitución de fiducias. Puedes comunicarte con la Cámara de Comercio correspondiente para obtener asistencia y orientación sobre cómo verificar la existencia de una fiducia.

4. **Solicita información directamente a la entidad fiduciaria:** Si tienes información sobre la entidad

fiduciaria que administra la fiducia en cuestión, puedes comunicarte directamente con ellos para solicitar detalles sobre la fiducia. Las fiduciarias están obligadas a proporcionar información sobre los fondos fiduciarios que administran a las partes interesadas y a los beneficiarios.

Recuerda que, debido a la naturaleza legal y confidencial de las fiducias, es posible que necesites tener una conexión directa con la fiduciaria o estar autorizado legalmente para obtener información detallada sobre una fiducia específica. En estas épocas del internet se pueden crear grupos en WhatsApp o Facebook de compradores de proyectos para compartir información e incluso hacerse a consultoría especializada de abogados que les ayuden a verificar la validez de una fiducia y fiduciaria.

## PRECIO POR METRO CUADRADO

El precio por metro cuadrado de área construida lo obtiene dividiendo el valor de la vivienda por área construida. A modo de ejemplo si la vivienda vale 120 millones de pesos y tiene un área construida de 30 metros cuadrados entonces 120/30 = 4 millones por metro cuadrado. Esta es una forma de comparar los precios de las viviendas que le ofrecen. Es bueno entender que este precio es distinto al valor por m2 de construcción, ya que este es el valor que pagan las constructoras por construir el proyecto y que luego usualmente triplican o cuádruplan para ofrecerlo al comprador.

En Colombia, las viviendas que pueden recibir subsidios del gobierno son las VIS y las VIP:

Viviendas de interés social (VIS)

1. **Ingresos:** La VIS está diseñada para personas o familias con ingresos que están por debajo de un cierto umbral, definido por el gobierno. Estos ingresos deben ser

suficientes para calificar para un crédito hipotecario, pero no pueden exceder un límite específico.

2. **Subsidios:** Los beneficiarios de VIS pueden recibir subsidios del gobierno, lo que ayuda a reducir el costo del crédito hipotecario y, por ende, el valor de las cuotas mensuales. Estos subsidios son otorgados a las personas o familias que cumplen con los requisitos establecidos por el Gobierno Nacional.

3. **Características:** Las viviendas VIS suelen tener un área construida y un número de habitaciones específicos, establecidos por las regulaciones. Están diseñadas para proporcionar viviendas dignas y básicas a las personas de bajos ingresos.

4. **Precio:** tienen un tope de precio de 150 Salarios mínimo-mensuales legales vigentes (SMMLV) cuando están ubicadas en ciudades con una población mayor a un millón de habitantes. Si estas viviendas están ubicadas en ciudades con una población inferior a un millón de habitantes, tendrán un tope de precio de 135 SMMLV.

Viviendas de interés prioritario (VIP)

1. **Ingresos:** La VIP está dirigida a personas o familias con ingresos inferiores a los que calificarían para una VIS. Los beneficiarios de VIP suelen tener ingresos muy bajos.

2. **Subsidios:** Al igual que en el caso de la VIS, las personas que califican para una VIP pueden recibir subsidios del gobierno para reducir el costo del crédito hipotecario y hacer las viviendas más asequibles.

3. **Características:** Las viviendas VIP tienden a ser más básicas y tienen requisitos de área construida y número

de habitaciones más modestos que las VIS. Están destinadas a proporcionar soluciones de vivienda asequibles para personas en situaciones económicas muy precarias.

4. **Precio:** Tienen un tope de precio de 70 salarios mínimos mensuales legales y vigentes (SMMLV).

5.

## HOJA DE TRABAJO 2

| Proyecto | Área Construida | Valor del Inmueble | Precio por M2 |
|---|---|---|---|
|  |  |  |  |
|  |  |  |  |
|  |  |  |  |
|  |  |  |  |
|  |  |  |  |

# GARANTIAS

En Colombia, la construcción de un conjunto residencial está regulada por varias leyes y normativas para garantizar la seguridad y los derechos de los compradores y residentes. Algunas de las garantías y protecciones incluyen:

1. **Regulación Gubernamental:** Existen entidades como el Ministerio de Vivienda, Ciudad y Territorio, y la Superintendencia de Notariado y Registro, que supervisan y regulan el sector de la construcción y la vivienda en Colombia. Estas entidades establecen normativas y estándares para asegurar la calidad y la seguridad de las construcciones.

2. **Ley 820 de 2003:** Esta ley establece las normas para la construcción y venta de viviendas y ofrece protección a los compradores, como la garantía de la calidad de la construcción y la obligación del constructor de entregar la vivienda en las condiciones acordadas.

3. **Póliza de Seguro:** Los constructores suelen ofrecer una póliza de seguro que cubre defectos de construcción y vicios ocultos durante un período de tiempo específico después de la entrega de la vivienda. Esta póliza garantiza que cualquier problema estructural o defecto que aparezca después de la compra sea reparado por el constructor.

4. **Fondo Nacional del Ahorro (FNA):** Para proyectos financiados por el FNA, se establecen ciertas garantías para los compradores, como la revisión de la legalidad del proyecto y la garantía de calidad de construcción.

5. **Garantía de Áreas Comunes:** Los compradores también tienen derechos sobre las áreas comunes del conjunto residencial, como parques, piscinas, gimnasios y áreas

sociales. Estas áreas deben estar bien mantenidas y cumplir con los estándares de calidad y seguridad establecidos por las autoridades locales y las leyes colombianas.

6. **Garantía de Documentación:** Es esencial que toda la documentación relacionada con la propiedad esté en regla y correctamente registrada. Los compradores tienen derecho a recibir documentos legales y claros que demuestren la propiedad del apartamento y cualquier deuda asociada, como impuestos y cuotas de administración.

7. **Revisión Legal:** Es común que los compradores contraten un abogado especializado en bienes raíces para revisar el contrato y asegurarse de que todas las cláusulas sean justas y estén de acuerdo con las leyes colombianas.

# CONTRATO DE COMPRAVENTA

Una vez usted haya evaluado la propiedad que quiere comprar y se decida por esta, llenara un formulario de vinculación con la constructora donde pondrá su información personal en términos laborales, estado civil, propiedades, entre otros con el que la constructora le evaluara como comprador. Una vez la constructora acepte su aplicación, esta le remitirá un contrato de compraventa.

En Colombia, un contrato de compraventa es un acuerdo legal entre dos partes, el vendedor y el comprador, mediante el cual se transfiere la propiedad de un bien o bienes a cambio de un precio determinado. Este tipo de contrato es uno de los más comunes y se utiliza para formalizar la venta de diferentes tipos de bienes, como inmuebles, vehículos, muebles, equipos, entre otros.

El contrato de compraventa en Colombia debe contener ciertos elementos esenciales para ser válido y legalmente vinculante. Estos elementos incluyen:

1. **Identificación de las partes**: el contrato debe indicar claramente la identidad de las partes involucradas, es decir, el nombre completo y la información de contacto tanto del vendedor como del comprador.

2. **Descripción del bien**: se debe proporcionar una descripción detallada del bien objeto de la compraventa, incluyendo sus características, número de identificación (si aplica) y cualquier otra información relevante que lo identifique de manera precisa.

3. **Precio y forma de pago**: el contrato debe establecer el precio acordado para la venta del bien. También se debe especificar la forma de pago, ya sea en efectivo, transferencia bancaria u otro medio acordado entre las partes.

4. **Condiciones de entrega**: se deben establecer las condiciones bajo las cuales se entregará el bien al comprador, como la fecha, el lugar y cualquier requisito adicional relacionado con la entrega.

5. **Obligaciones y garantías**: el contrato puede incluir las obligaciones y garantías tanto del vendedor como del comprador. Por ejemplo, el vendedor puede garantizar que el bien se encuentra en buen estado de funcionamiento, mientras que el comprador puede comprometerse a realizar el pago en la fecha acordada.

6. **Notariado y Registro:** Antes de que se complete la compra, el contrato de compraventa debe ser registrado ante notario público para que tenga validez legal. El notario público verifica que todas las condiciones acordadas entre comprador y vendedor estén reflejadas en el contrato.

7. **Planos y Acabados:** Usualmente como documentos anexos e indicando que hacen parte del contrato de compraventa, recibirá los planos y la hoja de acabados. Revise que el área construida y distribución del apartamento sea de acuerdo con lo acordado y que los acabados también estén especificados según su expectativa.

8. **Cláusulas adicionales:** el contrato puede contener cláusulas adicionales acordadas por las partes, como la solución de controversias, la jurisdicción aplicable, la duración del contrato, entre otras.

Es recomendable si está en el exterior que haga notarizar el documento en el consulado colombiano de donde se encuentre y recuerde guardar una copia de este contrato firmado por las dos partes.

Verifique que el contrato de compraventa tenga la siguiente
información:

## HOJA DE TRABAJO 3

| Constructora | |
|---|---|
| NIT de la constructora | |
| Matricula Mercantil | |
| Representante, CC | |
| Ubicación del Lote | |
| Matricula inmobiliaria | |
| Ficha Catastral | |
| Licencia de construcción | |
| Licencia de servicios públicos | |
| Licencia ambiental (si aplica) | |
| Precio del inmueble | |
| Área construida | |
| Nombre de la Fiduciaria | |
| Numero de la Fiducia | |

## PLAN DE PAGO

Es posible que la constructora le envíe una hoja de cotización que es una hoja con un plan de pagos. Usualmente este plan indica una separación del 10% en dos cuotas, una módica para animarlo a empezar el negocio y otra que completa el 10%. Luego usualmente hay un pago mensual hasta completar el 30% del valor del apartamento. El restante 70% del precio del apartamento usualmente se cancela cuando se hace entrega del apartamento y se realiza el proceso de escrituración.

La constructora le indicara una cuenta bancaria en donde deberá depositar las cuotas iniciales y mensuales, verifique que esa cuenta pertenezca a la constructora o a la fiducia donde se estipula deber ir el dinero. Si el dinero va a entrar a una fiducia, seguramente tendrá que haber llenado un formulario de vinculación y entregado una copia de su cedula al 150%.

A medida que vaya haciendo sus pagos, pida reportes de avances de la obra a través de fotos si esta desde el exterior o visite personalmente el sitio y verifique que efectivamente las obras se están ejecutando. También una vez haya pagado el 30% de la obra, pida reportes con fotos y descripciones de los avances de la obra. Para entender mejor como debe avanzar una obra, le invitamos a leer el libro gerencia de la construcción y/o como construir su primer edificio.

Para tener un estimado de cuanto se está valorizando su vivienda a medida que se está construyendo puede consultar el IPVN, índice de precios de vivienda nueva históricos en la página del DANE (https://www.dane.gov.co/) y escoger el reporte más reciente. La valorización del inmueble nuevo varía según la región del país, pero en promedio es de un 7% al 9%.

# PRESTAMO

Si va a hacer un préstamo para cancelar el saldo del apartamento, lo puede hacer en Colombia cumpliendo los requisitos que le pida el banco. En general los pasos que debe seguir para solicitar un préstamo en un banco colombiano son:

**1. Preparación:**

- **Evalúa tu capacidad de pago:** Antes de solicitar un préstamo, evalúa tus ingresos y gastos para determinar cuánto puedes pagar mensualmente sin comprometer tu estabilidad financiera.

**2. Elección del Banco:**

- **Investiga diferentes bancos:** Investiga las tasas de interés, los plazos y las condiciones ofrecidas por varios bancos en Colombia. Compara las opciones para encontrar la mejor oferta.

## 3. Documentación:

- **Reúne la documentación:** Los documentos requeridos pueden variar según el banco, pero generalmente incluyen:

    - Identificación oficial (cédula de ciudadanía o tarjeta de identidad).

    - Certificados de ingresos y retenciones.

    - Certificación laboral que indique antigüedad en el empleo y salario.

    - Extractos bancarios.

    - Información sobre otras deudas o compromisos financieros.

    - Certificado de tradición y libertad del inmueble que vas a comprar.

## 4. Solicitud del Préstamo:

- **Visita el banco:** Programa una cita con el banco de tu elección. Lleva contigo toda la documentación necesaria.

- **Llena la solicitud:** Completa la solicitud de préstamo proporcionada por el banco. Proporciona información precisa y verificable.

- **Evaluación crediticia:** El banco evaluará tu capacidad crediticia y determinará si cumples con los requisitos para el préstamo.

**5. Aprobación y Formalización:**

- **Aprobación del préstamo:** Si cumples con los requisitos, el banco aprobará el préstamo y te proporcionará una carta de aprobación.

- **Formalización del préstamo:** Firma el contrato de préstamo y otros documentos relacionados en presencia de un notario público.

**6. Desembolso:**

- **Desembolso del préstamo:** Una vez firmados los documentos, el banco hará el desembolso del préstamo al vendedor o constructor del inmueble.

**7. Pago de Cuotas:**

- **Pago mensual:** Comienza a realizar los pagos mensuales del préstamo de acuerdo con las condiciones acordadas.

# SOLICITUD DE PRESTAMO DESDE EL EXTERIOR

Para solicitar un prestamos en un Banco colombiano desde el exterior, usualmente debe hacerlo a través de una empresa intermediaria aprobada y usualmente le requerirán los siguientes documentos:

- Fotocopia de la Cédula de Ciudadanía Colombiana ampliada al 150%

- Copia de permiso de residencia o ciudadanía.

- Certificación laboral con fecha de expedición no mayor a 10 días (desde la fecha de recepción) la cual debe especificar salario básico mensual, tipo de contrato, cargo desempeñado y antigüedad. **Si es independiente** (constitución de la empresa)

- Si reside en España, su Informe de Vida Laboral.

- Fotocopia del certificado de ingresos y retenciones o equivalentes o si vive en Estados Unidos, el W2, Income Tax, o declaración de impuesto del año inmediatamente anterior

- Fotocopia de los extractos bancarios de los últimos tres (3) meses.

- Reporte de crédito en su país de residencia.

- Desprendibles de nómina de los últimos 3 (tres) meses

También desde el exterior, deberá llenar

- La solicitud de crédito
- La solicitud de seguro del inmueble contra incendio y terremoto
- La solicitud de seguro de vida hipotecario

- El formulario de vinculación al banco donde solicita el crédito
- Autorización y consulta de reporte a centrales de riesgo

La entidad bancaria se tomará aproximadamente dos semanas para evaluar la aprobación del crédito y si es aprobado le enviaran una carta de preaprobación y le solicitaran dos referencias, una familiar y otra personal. En este paso deberá pagar los honorarios de la empresa tramitadora. Luego en aproximadamente dos semanas más, si el banco aprueba el desembolso del dinero, enviará una carta de aprobación del préstamo que tendrá una vigencia establecida en la carta. Esta carta de aprobación especificara el monto de dinero aprobado, el plazo de pago, el tipo de plan que usualmente es una cuota constante, la tasa de interés y si es fija o variable. Ponga especial atención a la tasa de interés, ya que este es un préstamo de bajo riesgo porque está garantizado por un inmueble de finca raíz y por lo tanto si la tasa de interés es muy alta, procure buscar otra entidad bancaria, sociedad financiera, prestamos de bancos en el país donde reside en el extranjero u otras formas de financiación.

# LEGALIZACION DEL CREDITO

La legalización de un crédito hipotecario en Colombia se refiere al proceso mediante el cual el préstamo otorgado por una entidad financiera para la compra de un apartamento o cualquier propiedad inmobiliaria se formaliza legalmente. Durante este proceso, se establecen las condiciones del préstamo, se firma el contrato de hipoteca y se registran los documentos correspondientes para proteger los intereses tanto del prestatario (comprador) como del prestamista (entidad financiera). Aquí hay una descripción general del proceso de legalización de un crédito hipotecario en Colombia:

## 1. Aprobación del Crédito:

- Después de evaluar la capacidad crediticia del solicitante y aprobar el préstamo, la entidad financiera emite una carta de aprobación indicando los términos y condiciones del crédito.

## 2. Firma del Contrato de Hipoteca:

- El prestatario firma el contrato de hipoteca con la entidad financiera. Este contrato establece los términos del préstamo, incluyendo la tasa de interés, el plazo del préstamo y las condiciones de pago.

## 3. Pago de Impuestos y Gastos Notariales:

- Se pagan los impuestos y gastos notariales asociados con la compra de la propiedad y la constitución del crédito hipotecario.

## 4. Escritura Pública:

- Se elabora una escritura pública de compraventa y se registra en la Oficina de Registro de Instrumentos Públicos. Esta escritura incluye los detalles de la propiedad, el precio de compra y la existencia del crédito hipotecario.

**5. Registro de la Hipoteca:**

- Se registra la hipoteca en la escritura pública para proteger los derechos del prestamista sobre la propiedad en caso de incumplimiento del prestatario.

**6. Desembolso del Préstamo:**

- Una vez que se han cumplido todos los requisitos y se ha registrado la hipoteca, el banco realiza el desembolso del préstamo al vendedor de la propiedad.

**7. Inicio de los Pagos:**

- El prestatario comienza a realizar los pagos mensuales del préstamo hipotecario de acuerdo con las condiciones establecidas en el contrato.

Es importante señalar que este proceso puede variar en función de las políticas internas de la entidad financiera y las regulaciones vigentes. Por tanto, es fundamental consultar con el banco o una entidad notarial para obtener detalles específicos sobre el proceso de legalización del crédito hipotecario al comprar un apartamento en Colombia.

Por ejemplo, la entidad financiera puede asignar un abogado para que recoja la documentación necesaria para elaborar el análisis jurídico de la vivienda que garantizara el crédito, la escritura pública de transferencia del inmueble y el avalúo del inmueble. Usted correrá con los honorarios de este abogado. Algunos de los documentos que puede pedir son:

- Certificado de tradición actualizado
- Estado civil del cliente

- Fotocopia del cedula del cliente (y de su cónyuge de ser casado o en unión marital de hecho)
- Resolución o carta subsidio (si aplica)
- Cierre financiero completo:
  - Valor de la vivienda
  - Cuota inicial
  - Subsidio (si lo hay)
  - crédito bancario

El banco puede que le solicite que abra una cuenta bancaria con ellos, si no la tiene, para debitar las cuotas de crédito mensuales. El banco también solicitara la cuenta bancaria en donde hacer el desembolso del crédito o la información del beneficiario del cheque a emitir. También el banco le contactara para firmar las escrituras de transferencia a su nombre, hipoteca a favor del banco, pagare y autorización de desembolso:

**1. Pagaré:**

El pagaré es un documento legal mediante el cual el prestatario (la persona que recibe el préstamo) se compromete a pagar la cantidad prestada al prestamista en cuotas periódicas, junto con los intereses especificados. El pagaré establece los términos y condiciones del préstamo, incluyendo la tasa de interés, el plazo del préstamo, el calendario de pagos y cualquier otra cláusula relevante. Este documento representa la obligación de pago del prestatario y no está directamente relacionado con el inmueble en sí, sino con la deuda que el prestatario adquiere para financiar la compra de la propiedad.

**2. Hipoteca:**

La hipoteca es un contrato mediante el cual el prestatario ofrece el inmueble como garantía para el préstamo. En otras palabras, la hipoteca es un acuerdo que permite al prestamista tomar posesión del inmueble si el prestatario no cumple con las obligaciones de pago establecidas en el pagaré. La hipoteca es específica para el inmueble y se registra en la Oficina de Registro de Instrumentos Públicos para establecer el derecho del prestamista sobre la propiedad en caso de incumplimiento del prestatario.

### 3. Autorización de Desembolso:

La autorización de desembolso es un documento que autoriza al prestamista a transferir los fondos del préstamo al vendedor del inmueble o a la entidad constructora en caso de compra de un proyecto en construcción. Este documento es necesario para llevar a cabo la transacción y se utiliza en el proceso de cierre para transferir los fondos del préstamo al vendedor y completar la compra del inmueble.

Si está en el exterior, la empresa tramitadora le ayudara con tramites como:

- coordinar con la constructora y el Banco la recolección de documentos necesarios para la solicitud del avalúo y el estudio de títulos.
- La radicación oportuna de la escritura y los documentos necesarios con las firmas correspondientes de la constructora, banco acreedor, banco liberador (si lo hay) y/o fiduciaria (si la hay)
- Enviarle el poder debidamente diligenciado, para quien usted asigne como apoderado pueda firmar el contrato de hipoteca en Colombia, y que usted deberá autenticar en el exterior.

## ESCRITURIZACION DEL INMUEBLE

Cuando compras un apartamento en un edificio multifamiliar o conjunto residencial, las escrituras de propiedad incluirán información sobre el Registro de Propiedad Horizontal (RPH) de esa unidad específica. Este registro garantiza que tienes derechos sobre tu unidad y, a su vez, establece las reglas para el uso y administración de las áreas comunes compartidas por todos los propietarios en el edificio o conjunto. Es importante revisar cuidadosamente este documento para entender tus derechos y responsabilidades como propietario.

Si paga el saldo del apartamento en efectivo, sin necesidad de un préstamo, los tramites se agilizan mucho más, la constructora elaborara la escritura y la radicara en la notaría correspondiente, usted deberá leer la escritura atentamente, firmarla, luego la fiducia y/o constructora la firmaran y luego la radicaran en **registros públicos** y en la notaría de nuevo.

Revise cuidadosamente la escritura pública para asegurarse de que todos los detalles importantes estén correctamente plasmados en el documento legal. Estos son algunos puntos clave que debe revisar en la escritura:

## 1. Datos Personales y del Vendedor:

- Verifica que los nombres, números de identificación y demás datos personales tanto tuyos como del vendedor estén correctos.

## 2. Descripción del Apartamento:

- Asegúrese de que la descripción del apartamento, incluyendo el número de la unidad, el área total, la ubicación, y las áreas comunes (si las hay), sea precisa y concuerde con lo que has comprado.

## 3. Precio de Venta:

- Verifique que el precio de venta acordado esté correctamente indicado en la escritura.

## 4. Forma de Pago:

- Confirme que la forma de pago (incluyendo los pagos previos, el financiamiento, y cualquier otra condición acordada) esté claramente especificada.

## 5. Fecha de Entrega:

- Asegúrese de que la fecha de entrega del apartamento esté claramente indicada en la escritura.

## 6. Cláusulas Específicas:

- Revise cualquier cláusula especial o condición que hayas acordado con el vendedor o constructor y verifica que esté correctamente reflejada en la escritura.

## 7. Deudas y Gravámenes:

- Confirme que el apartamento no tiene deudas pendientes, gravámenes, o embargos que puedan afectar la propiedad.

## 8. Garantías y Responsabilidades:

- Si hay garantías o responsabilidades del constructor o vendedor relacionadas con el apartamento (por ejemplo, garantías sobre ciertas instalaciones), asegúrese de que estén claramente definidas.

## 9. Normativas Locales:

- Asegúrese de que el apartamento cumple con todas las normativas locales y requisitos de zonificación, especialmente si estás comprando en un proyecto en construcción.

## 10. Firmas y Testigos:

- Verifique que las firmas estén correctamente colocadas y que el documento esté firmado por todas las partes involucradas. Además, confirma que haya testigos presentes, si es necesario según la ley colombiana.

Si está en el exterior, la empresa tramitadora le ayudará enviándole el poder debidamente diligenciado, para que quien usted asigne como apoderado pueda firmar las escrituras en Colombia, y que usted deberá autenticar en el exterior.

Una vez las escrituras han sido firmadas por todas las partes involucradas, esencialmente comprador, vendedor y notario, las escrituras se llevan a las oficinas de registros públicos de la ciudad o el municipio para su registro. Durante este proceso, se ingresan los detalles de la transacción, incluyendo la descripción del inmueble, los nombres de los compradores y vendedores, el precio de venta y cualquier otra información relevante, en el registro público. Registrar las escrituras en la Oficina de Registro de Instrumentos Públicos garantiza que la transacción sea válida legalmente y protege los derechos del comprador como propietario del apartamento. También es un paso necesario para cualquier transacción inmobiliaria en Colombia, ya que proporciona seguridad jurídica a todas las partes involucradas en la compra del inmueble.

# ENTREGA DEL INMUEBLE

Una vez la constructora o empresa vendedora de las viviendas haya recibido el pago completo del inmueble, y las escrituras estén firmadas, notarizadas y registradas en registros públicos, le harán entrega de su inmueble. El día que le entreguen las llaves a su vivienda, verifique que los acabados están de acuerdo con lo acordado, que los servicios públicos funcionen, los tomacorrientes, los bombillos enciendan, el inodoro vacee, las paredes luzcan bien, reporte cualquier daño para que se hagan los arreglos correspondientes pronto. También pregunte por las garantías escritas en relación con cualquier falla grave que se produzca por imperfecciones de la construcción, como grietas estructurales, daños en los techos o terrazas, etc.

Después de esta meta, seguirán otras actividades como activar sus servicios públicos, gas, internet, etc. Estar pendiente del impuesto predial y aprender el reglamento y las leyes que rigen los conjuntos residenciales. De todos modos, siéntase satisfecho de haber alcanzado la posibilidad de tener una vivienda digna en la cual puede residir.

www.ingramcontent.com/pod-product-compliance
Lightning Source LLC
Chambersburg PA
CBHW062313290526
45794CB00006B/2781